CATALOGUE MÉTHODIQUE

DE LA

BIBLIOTHÈQUE

DE

L'ÉCOLE NATIONALE DES BEAUX-ARTS

PAR ERNEST VINET

BIBLIOTHÉCAIRE DE L'ÉCOLE

PUBLIÉ SOUS LES AUSPICES DU MINISTRE DE L'INSTRUCTION PUBLIQUE
DES CULTES ET DES BEAUX-ARTS.

PARIS
ÉCOLE DES BEAUX-ARTS
—
1873

CATALOGUE MÉTHODIQUE

DE LA

BIBLIOTHÈQUE

DE

L'ÉCOLE NATIONALE DES BEAUX-ARTS.

Paris. — Imprimerie Georges Chamerot, rue des Saints-Pères, 19.

CATALOGUE MÉTHODIQUE

DE LA

BIBLIOTHÈQUE

DE

L'ÉCOLE NATIONALE DES BEAUX-ARTS

PAR ERNEST VINET

BIBLIOTHÉCAIRE DE L'ÉCOLE

PUBLIÉ SOUS LES AUSPICES DU MINISTRE DE L'INSTRUCTION PUBLIQUE
DES CULTES ET DES BEAUX-ARTS.

PARIS
ÉCOLE DES BEAUX-ARTS
—
1873

A MONSIEUR LE MINISTRE

DE L'INSTRUCTION PUBLIQUE, DES CULTES ET DES BEAUX-ARTS

Monsieur le Ministre,

J'ai l'honneur de soumettre à votre approbation les épreuves du *Catalogue de la bibliothèque de l'École des Beaux-Arts*, catalogue dont vous avez demandé l'exécution il y a quelques mois, et de vous prier de vouloir bien m'autoriser à en faire le tirage. Il m'a semblé que le nouveau système de classification bibliographique des livres d'art dont j'ai fait l'application ici même, système que j'ai créé pour me guider dans un véritable dédale, pourrait être accueilli par vous sans défaveur.

Votre assentiment me sera bien précieux, Monsieur le Ministre, et c'est avec l'espoir de l'obtenir que je vous prie de vouloir bien agréer l'assurance de mon profond respect.

Le Bibliothécaire de l'École,
Ernest VINET.

Vu et approuvé :
JULES SIMON.

Parmi les grandes institutions d'enseignement public dont Paris s'honore, l'École des Beaux-Arts était, à la fin de 1862, la seule qui n'eût point encore de bibliothèque. Le Conservatoire de Musique et celui des Arts et Métiers, où l'obligation d'avoir soit des partitions, soit des livres, n'est pas plus impérieuse, étaient mieux partagés. Élèves et artistes se plaignaient et disaient que leur inexpérience les empêchait de se présenter rue Richelieu, où toute demande doit être faite avec une précision bibliographique. Plaintes vaines : la création d'une bibliothèque à l'École des Beaux-Arts ne paraissait, dans les régions officielles, qu'une amélioration peu urgente, une de ces candides utopies qu'il appartient à l'avenir seul de réaliser.

Le conseil d'administration de l'École songeait bien à

une bibliothèque. Malheureusement son initiative était gênée par des causes diverses : son organisation, son indépendance nuisaient principalement à son crédit près du ministère ; la crainte d'échouer paralysait ici les meilleures intentions.

L'École, à cette date, se trouvait en possession de quelques centaines de volumes. Les plus précieux étaient un héritage de l'ancienne Académie royale de peinture et de sculpture ; plusieurs venaient des souscriptions du ministère de l'instruction publique et du ministère d'État ; d'autres avaient été donnés par testament (1) ; d'autres enfin composaient la collection achetée à M. le marquis de Chennevières par le gouvernement. Mais la majeure partie de ces livres se trouvait reléguée sous les combles ; le reste était dispersé dans l'École : c'était un amas de livres inaccessible, inconnu ; ce n'était point une bibliothèque.

La nomination d'un bibliothécaire, le 17 décembre 1862 (le bibliothécaire actuel), devait changer la face des choses.

---

(1) Ce serait manquer à la reconnaissance que de ne pas rappeler ici que le respectable M. Édouard Gatteaux, membre de l'Académie des Beaux-Arts, avait fait don, par testament, à la bibliothèque de l'École, de l'admirable collection de livres et de gravures, de gravures surtout, qu'il s'était appliqué à former pendant cinquante années avec toute l'habileté d'un vrai connaisseur. Le jour de l'entrée des troupes de Versailles à Paris, la maison de M. Gatteaux fut incendiée par les *Enfants perdus* : un vandalisme qui n'était point de ce siècle nous a privés d'un véritable trésor.

Jamais l'amour de l'art et des livres ne fut mieux secondé que par le ministre d'alors, M. le comte Walewski, et par le goût exquis de l'architecte de l'École, M. Duban. Grâce à ce dernier, la galerie du premier étage du Musée des études, galerie consacrée jusque-là aux modèles d'architecture, fut transformée en une des plus charmantes salles de lecture de l'Europe. Sur des rayons posés dans d'élégantes armoires, ou dans de grands meubles placés au milieu de la salle, les livres nouveaux qu'un large crédit avait permis d'acheter vinrent prendre place à côté des anciens. Tout fut rangé, inventorié, et, le 24 janvier 1864, la jeune bibliothèque ouvrait ses portes aux élèves, aux artistes et à toutes les classes de lecteurs.

Un des premiers fruits de cette création a été de rendre à la publicité les beaux dessins des élèves architectes de l'Académie de France à Rome. Ces dessins,— connus sous le nom de *restaurations,* parce qu'ils montrent non-seulement l'état actuel, mais aussi l'état présumé des anciens monuments de la Grèce et de Rome dans leur intégrité, — étaient encore, en 1862, déposés à la bibliothèque de l'Institut. Poussé par le désir très-légitime de mettre les élèves de l'École et les architectes de Paris en mesure d'étudier cette suite incomparable, qui se compose aujourd'hui de près de sept cents feuilles, le nouveau bibliothécaire réclama, et sa réclamation fut appuyée par les professeurs de l'École. Il n'en fut pas de même à l'Académie des Beaux-Arts, où la question avait été portée. La discussion fut vive, les opposants étaient nombreux; toutefois, cinq cents morceaux de premier ordre passèrent de la bibliothèque de l'Institut à celle des Beaux-Arts. Cet heureux résultat mit en pleine lumière plus de soixante ans de travaux à moitié oubliés, travaux qui montrent, plus éloquemment que les plus brillantes apologies, ce que vaut notre école d'architecture à Rome, la beauté de son passé, ses promesses pour l'avenir, et quels talents achèvent de s'y former.

Une idée maîtresse a présidé et préside depuis bientôt dix ans à l'accroissement de la bibliothèque des Beaux-Arts : l'idée de faire passer la frontière à l'esprit français; et pourquoi ne pas le dire dès à présent? l'Europe, avant nos désastres, s'est prêtée généreusement à la réalisation de cette pensée. La Russie, l'Angleterre, l'Autriche, la Prusse elle-même, nous ont fait don d'un certain nombre d'ouvrages dont quelques-uns sont de vrais joyaux. Le monde avait été fermé à nos élèves, à nos artistes; depuis dix ans il leur est ouvert, ils peuvent voyager : ils ont des livres. Que leur faut-il aujourd'hui pour ne plus ignorer la marche de l'art à travers les siècles; pour connaître les monuments, les écoles, les musées; pour savoir quelles sont les mœurs et les coutumes des différentes nations du globe? Oui, que leur faut-il? De la bonne volonté et le sage emploi de leurs loisirs. Ce supplément d'instruction, loin de nuire au talent, ne peut que le fortifier, le grandir, l'éloigner de tout ce qui est insignifiant et médiocre.

Dans ce mouvement en avant et qui répond si bien au sentiment général d'aujourd'hui, l'étude de l'antiquité a été profondément respectée. L'antique! mais c'est l'âme d'une école comme celle des Beaux-Arts, où l'on se souvient que le plus grand dessinateur de notre siècle ne cessait de dire : « Voulez-vous apprendre à voir la nature? commencez par étudier les anciens. » Aussi la bibliothèque s'est-elle enrichie de tout ce qui a été publié jusqu'à présent de plus utile, de meilleur, sur les statues, les vases, les terres-cuites, les miroirs étrusques, et les peintures murales; et de cette façon elle vient en aide aux enseignements pleins de goût et d'efficacité d'un jeune et savant professeur, M. Heuzey, et sert à s'en pénétrer davantage.

Pour couronner cette création, quelque chose manquait encore : un catalogue à la fois méthodique et chronologique. Il semble que M. le ministre de l'instruction publique et des beaux-arts, M. Jules Simon, ait voulu aller au-devant des vœux du bibliothécaire en décidant, il y a six mois, que les catalogues des collections de l'École seraient imprimés. Cette précaution n'est point, tant s'en faut, une précaution inutile et montre une sollicitude éclairée qui place le ministre au nombre des bienfaiteurs de l'École.

En effet, la publicité donnée à ces inventaires des collections d'un vaste établissement offre un sérieux avantage : elle constate des richesses qu'elle met sous la garde de l'opinion.

A une bibliothèque nouvelle, spéciale (1), il fallait un catalogue d'un genre nouveau; aussi la classification du présent catalogue diffère-t-elle complétement de toutes celles adoptées pour mettre de l'ordre dans la masse toujours croissante des livres d'art : elle est empruntée à un livre qui se publie en ce moment (2), à une sorte d'itinéraire dans un domaine immense où les routes ont été mal tracées, et où il reste tant à découvrir.

Plus on observe le régime actuel de l'École, plus le rôle de la bibliothèque grandit. Ce rôle, notre excellent et éminent directeur, M. Eugène Guillaume, a su très-bien le définir en disant que la bibliothèque était le point de

---

(1) Le catalogue est encore plus spécial : il passe sous silence tous les ouvrages de la bibliothèque, bien peu nombreux il est vrai, qui ne se rattachent pas directement aux Beaux-Arts.

(2) *Bibliographie des Beaux-Arts,* répertoire raisonné des ouvrages les plus utiles et les plus intéressants sur l'architecture, la sculpture, la peinture, la gravure, l'art industriel, l'histoire de l'art et des artistes, accompagné de quatre tables : table de la division méthodique des matières, table alphabétique des matières, table alphabétique des noms d'artistes, table alphabétique des noms d'auteurs; par Ernest Vinet, bibliothécaire de l'École des Beaux-Arts, publié sous les auspices du ministère de l'instruction publique et des beaux-arts. (Librairie Firmin-Didot.)

départ et la vérification des études de l'École. A cette juste appréciation on peut ajouter que, sans bruit au dehors, et dans un studieux silence, la bibliothèque est arrivée au succès. De plus en plus elle est fréquentée par les travailleurs et par ceux qu'attire une saine curiosité. Un chiffre, du reste, va donner la mesure de son importance présente : du 24 janvier 1864 aux derniers jours de décembre 1872, elle a vu trente-deux mille lecteurs.

École des Beaux-Arts, ce 15 mars 1873,

EXTRAIT DU RÈGLEMENT DE LA BIBLIOTHÈQUE.

La Bibliothèque est ouverte aux élèves de l'Ecole des Beaux-Arts et aux aspirants tous les jours, de midi à cinq heures en été, de midi à quatre heures en hiver, excepté le samedi et les jours fériés. Les personnes étrangères à l'École, au-dessus de quinze ans, doivent s'adresser au secrétaire de l'École ou au bibliothécaire, pour obtenir du directeur une carte d'admission, qui leur sera envoyée à domicile.

La Bibliothèque est fermée du 1er août au 1er octobre.

La communication des manuscrits, des dessins originaux et particulièrement des Restaurations des architectes de l'École de Rome, ne pourra avoir lieu qu'en vertu d'une autorisation expresse. Toute demande à cet égard devra mentionner les motifs qui portent à la formuler.

Il est interdit de calquer, de mesurer avec le compas ou autres instruments et de se servir d'encre. Les notes seront prises au crayon, et l'on ne pourra dessiner qu'avec la mine de plomb. Toutefois, dans certains cas, le bibliothécaire pourra autoriser à prendre des notes à l'encre, mais sur une table séparée.

Il est expressément défendu d'écrire ou de dessiner sur les marges des livres, de les maculer de quelque manière que ce soit.

LA BIBLIOTHÈQUE

DE L'ÉCOLE NATIONALE DES BEAUX-ARTS

OUVRAGES DU MÊME AUTEUR :

Les Lois pénales de la France en toutes matières et devant toutes les juridictions, exposées dans leur ordre naturel, avec leurs motifs. 2 vol grand in-8º de 1,635 pages. — Paris, Cosse et Marchal, 1868.

Nouvelles et Fantaisies humoristiques. — Paris, Librairie générale, 72, boulevard Haussmann. 1872.

Notice sur les bibliothèques Aveyronnaises-Mouton, suivie du catalogue de ces bibliothèques. — Paris, Librairie générale, boulevard Haussmann, 72.

Fontenay-le-Comte. — Imprimerie P. Robuchon

www.ingramcontent.com/pod-product-compliance
Lightning Source LLC
Chambersburg PA
CBHW071422060426
42450CB00009BA/1972